AF218977

Anti-Literatur

Heft I

Frühe Texte (1999-2002)

Arne-Wigand Baganz

Bibliografische Information der Deutschen Nationalbibliothek:
Die Deutsche Nationalbibliothek verzeichnet diese Publikation in der
Deutschen Nationalbibliografie; detaillierte bibliografische Daten sind im
Internet über http://dnb.dnb.de abrufbar.

© 2021 by Arne-Wigand Baganz

Umschlagfoto: Kołobrzeg, Frühjahr 2014
Herstellung und Verlag: BoD – Books on Demand, Norderstedt

ISBN: 978-3-75345-335-4

»Tue jene Dinge, die Du für schön hältst, aber strebe dabei nicht nach Ruhm, denn der Pöbel ist ein schlechter Richter guter Dinge« – irgendeiner der Pythagoräer

Vorwort

Ich bin kein Freund von Vorworten, muss jedoch diesem Buch zu seiner besseren Einordnung selber eines vorwegschicken. Die hier nachfolgend abgedruckten Texte sind – gemessen an der gewöhnlichen Lebensspanne eines Menschen – bereits ziemlich alt, sie entstanden zwischen 1999 und 2002, ich habe sie also in meinen frühen Zwanzigern verfasst, die für mich oft eine herausfordernde Zeit gewesen sind: wild, sehr düster aber nicht ohne schöpferische Kraft. Als ich damals meine ersten beiden Bücher *"seelengruende"* (2004) und *"fahnenrost"* (2006) veröffentlichte, hielt ich meine Prosa-Texte und versfreien Gedichte noch für zu schade, um sie einfach so selbst zu veröffentlichen und wollte sie für eine bessere Zeit oder Gelegenheit aufsparen. Nun sind einige Texte selbst schon über zwanzig Jahre alt, aber um einen Verlag habe ich mich nie bemüht, Publikationen außerhalb meiner kleinen Internet-Welt waren mir egal, vieles hat die Schublade nie verlassen. Wen kümmerte es?

Anti-Literatur darf zuweilen solipsistisch, vielleicht auch ein wenig eitel sein, denn weltlicher Erfolg ist auf geistigen Gebieten ja bekanntlich wenig bis nichts.

Die lästige Pandemie nun hat mir viel Zeit gegeben, über unvollendetes in meinem Leben nachzudenken, dazu gehört auch die bisher nicht per Buch erfolgte Veröffentlichung dieser alten Texte, die in anderen Zusammenstellungen allenfalls einmal als Teil obskurer PDF-Dateien kursierten. Wenn ich diese Texte heute selber lese, kann ich mich häufig nicht recht erinnern, wie sie entstanden sind, ich lese sie wie ein fremder Leser aber natürlich auch als ihr offensichtlicher Autor, der sie erneut entdeckt und dabei – ganz ehrlich – manchmal ziemlich erstaunt ist.

Da ich eine ursprüngliche Kunst schätze, habe ich die Texte nur in Ausnahmefällen geringfügig redigiert, jedoch auch wohlmeinend ausgesiebt und nicht alles aus den erwähnten Schaffensjahren aufgenommen. Doppelungen mit *„fahnenrost"*, das neben Lyrik auch einige „Prosa"-Texte enthält, habe ich vermieden.

Aus dem oben gesagten dürfte erahnbar geworden sein, dass die Texte in dieser Publikation nur wenig mit meinen aktuellen Anschauungen zu tun haben müssen, insbesondere wenn es um das Leben und moralische Vorstellungen geht, dennoch messe ich ihnen einen literarischen Wert bei und meine daher, dass sie sich das Erscheinen in der ihnen gemäßen Form – dem Buch oder bescheidener „Heft", wie es auch im Titel heißt – nach all den Jahren redlich verdient haben. Was weiter daraus wird, liegt an Lesern wie Dir und entzieht sich glücklicherweise meinem Einfluss.

Eines noch zum Abschluss: Sofern Texte in diesem Buch – einige gehen sicherlich an gewisse Grenzen – martialische Metaphern benutzen, so ist dies immer nur Ausdruck einer extremen Gefühlswelt und nie ein Gutheißen von Gewalt oder Krieg, sie wollen also ihrem Wesen nach immer im übertragenen Sinne und nie wörtlich verstanden sein. Heutzutage würde ich mich selbstverständlich oft anders ausdrücken als der junge Mensch, der ich damals war – aber wahr ist auch: Texte wie die hier vorliegenden kann ich heute gar nicht mehr verfassen; versuchte ich es trotzdem, so wäre das nur eine mechanische und damit leere Nachahmung meines früheren Selbst. Ist das bereits eine vorauseilende, am Ende vielleicht sogar unnötige Rechtfertigung? Ganz sicher bin ich mir nicht. Auch hier wird wieder der Leser entscheiden dürfen. Er ist ein überaus privilegiertes Wesen.

Vita bona est.

Arne-Wigand Baganz
Berlin, Mai / Juni 2021

1999

Großes Werk wird sein

Meine Hand verkrampft sich, während ich dies hier schreibe. Vielleicht ist es auch einfach nur mein Gehirn, das sich weigert zu erkennen, wo all das einmal enden wird. So klein ist meine Vorstellung, daß ich es nicht erahnen kann: Was wird aus diesem Text werden?

Großzügig fege ich meine Gedanken in den Müll. Dort sind sie gut aufgehoben und werden sich wohlfühlen, denn da draußen gibt es für sie eine Halde unergründbaren Ausmaßes, auf der sie sich vereinigen, paaren, im Inzest schwelgen und neue kleine Gedanken, abartig zwar, entstehen lassen. Die biochemischen Prozesse, die diesen alltäglichen Vorgängen zugrunde liegen, sind sehr wohl bekannt. Heutzutage gehört es gar in die Grundschulausbildung, davon zu wissen und das wiederum stellt eine Tatsache dar, die ich mehr als gutheißen kann. Aber ich schweife ab.

Also komme ich auf mein Thema zurück, welches ich bisher noch nicht gefunden habe. Das ist erstaunlich. Womit habe ich die ganzen vorhergegangenen Zeilen füllen können?

Wenn ich Raucher wäre, würde ich mir jetzt vielleicht eine Zigarette oder auch zwei anzünden. Doch ich bin kein Raucher. Habe ich das eigentlich schon einmal gesagt? Diese Zigarette könnte mir dann über das Nichts hinweghelfen, von dem ich hier schreibe und schreiben werde. Dich Leser frage ich gleich folgendes: Kannst Du Dir einen Osterhasen vorstellen, der so groß ist wie eine Mikrobe? Gut, Du bist ja gar nicht so phantasielos!

Würde ich in diesem Moment also den karzinogenen Rauch einer Zigarette, die sich in einer Packung zu wahrscheinlich 19 Stück oder so befunden hätte, in meine Lungen saugen, würden meine Gedanken auf die Größe genau dieses Osterhasen schrumpfen. Ich kann mir vorstellen, daß Dich das nicht außerordentlich verblüffen wird. Mich selbst überrascht Deine Reaktion ebenfalls nicht, aber trotzdem wollte ich diese Vorstellung nicht dem Vergessen opfern.

Irgendwann dann wären die Zigaretten abgebrannt. In meinem Aschenbecher befänden sich nun ein oder zwei Stummel, mehr oder minder elegant gekrümmt ausgedrückt. Plötzlich stände ich wieder vor dem Problem, vor dem Nichts, von dem ich schreibe. Glücklicherweise aber bin ich kein Raucher, auch wenn dieser Umstand für Dich keine Neuigkeit mehr darstellt – das wenigstens hoffe ich von ganzem Herzen oder wie man so sagt. Und deswegen hole ich wieder den Besen heraus und schicke den kompletten Dreckseinfall in den Müll.

Vergeblich mühe ich mich, diese Zeilen doch noch in ein Geschichtchen zu transformieren – aber über mir thront das Nichts und lächelt mir verbissen zu. Ich wage es nicht, etwas zu erwidern, sondern denke an die gigantische Müllhalde, die ich fülle und der ich wuchern helfe.

Ganz unvermittelt zuckt es in meinen Händen, womöglich zuckt es auch nur in meinem Hirn. Wer vermag schon, zwischen beiden zu unterscheiden? Wärest Du dieser Aufgabe gewachsen?

Ich denke, jetzt wird es gleich geschehen, wird sich eine Spannung aufbauen, die sich entlädt in einem Konstrukt aus zusammengefügten Worten, die aneinander passen und eventuell auch einen Sinn ergeben. Doch wie so oft – es ist nur eine weitere Täuschung. In der Ferne sehe ich den Müllberg, wie er in den orgiastischen Exzessen meiner inzestuösen Abfallgedanken alles überragt, was ist – und ich freue mich über mein großartiges Werk.

Luna, wie sie hieß

"Weißt Du, mittlerweile habe ich den Zustand der vollständigen Leere erreicht. Und es gibt keinen Weg zurück."

Ich blickte in ihre gutmütigen Augen, tiefblau. Sie nickte, als würde sie mich verstehen, aber ich war mir sicher, sie verstand nicht. Keiner verstand mich, auch nicht sie, die sie meine Geliebte war – Luna, die sprichwörtliche Gesandte eines illusionären Gottes.

"Wir wollen nicht mehr darüber reden" schwebte ihre sanfte Stimme durch den düsteren Raum und sie griff nach meiner kalten Hand, die ich ihr scheu entzog. Dann aber kam Luna auf mich zu und umfasste meinen widerspenstigen Körper mit ihren engelhaften Armen. Mir wurde ganz warm und die Flamme der Kerze tanzte noch immer lieblich im Windzug. Ich entkrampfte mich, schob die finsteren Gedanken fort, öffnete die Pforte des Vergessens und trat in mächtigen Schritten durch sie hindurch in ein neues Reich.

Ein neues Reich.

Ein gleißendes Licht blendete meine Augen und voller Demut senkte ich den Blick auf meine Füße. So stand ich ein Weilchen in den Fluten der Erleuchtung, die mich mit all ihrer Kraft umspielten.

Der einsame Klang einer melancholischen Trompete drang an mein Ohr. Die Augen zusammengekniffen, schaute ich langsam auf und sah vor mir den schlichten Palast des Herrschers.

"Das Größte ist im Kleinsten" rief vorbeifliegend ein Rabe zu mir herab und verschwand.

Ich folgte dem Klagen der Trompete und näherte mich so dem rätselhaften Gebäude. Wenig später dann befand ich mich vor dem Eingang und die Tür war offen.

Die Tür war offen.

Ich betrat den Palast, es wurde dunkel. Meine Augen sahen schwarz und die Trompete versank im Schweigen. Eine ergreifende Stimme ertönte so tief, wie ich noch niemanden hatte sprechen hören. Sie hieß mich setzen – und von einer ängstlichen Unsicherheit erfüllt, befolgte ich diese Anordnung.

Da ich nun auf dem kühlen Fußboden saß, harrte ich dem, was kommen mochte.

"Laß uns reden, denn deswegen bist Du hier" gab der Unbekannte von sich.

"Ich bin Nihil und froh, Dich als meinen Gast begrüßen zu dürfen. Ach, was rede ich da, ich bin natürlich erbost, dass Du hier eingedrungen bist und ja – alles hat seine zwei Seiten". Indem ich leise "Ja" murmelte, gab ich Nihil meine Zustimmung. Ich fror und hatte keine Lust, mich mit ihm zu unterhalten. Warum auch?

In mir war

"Vollständige Leere ist in Dir" fuhr Nihil fort "und vollständige Leere wird für immer in Dir sein".

Bedrückt hörte ich hier die Verkündung meines Schicksales – und es war so wahr und es war so falsch.

Ich wollte Nihil etwas entgegnen, aber meine Zunge war gelähmt und kein Wort drang mehr aus meinem Körper.

"Psst!" sagte sie leise und legte mir ihren Zeigefinger auf den Mund.

"Alles wird gut" und sie streichelte mit ihren zarten warmen Händen mein fiebrig-feuchtes Gesicht. "Du brauchst nicht schreien. Und ja, alles wird gut".

Ihre Stimme kam von so weit weg, klang so dumpf und doch loderte in jeder Silbe, die aus ihrem Mund schwebte, das Feuer ihrer unendlichen Liebe. Ein schwaches Lächeln wurde mir zur Maske und ich schrie ein letztes Mal, was meine Stimmbänder zu leisten vermochten. Ich war ohnmächtig, diesen Zwang zu unterdrücken.

Ich spürte ihre Hände und "Ja, alles wird gut".

Luna aber vergrub noch in derselben Nacht den Leichnam im Garten.

Dem Fremdsal gefolgt

"Sag etwas. Sag mir etwas. Sag etwas!"

Ihr heißer Mund hauchte mir diese in einer Art der liebevollen Besorgnis gesprochenen Worte in mein rechtes Ohr. Dann küßte sie mich sehr sanft mit ihren kalten Lippen und streichelte behutsam eine meiner Wangen.

Still lag ich da und ließ diese ihre Bemühungen über mich ergehen. Nur unter einer unbeschreiblichen Anstrengung konnte ich meine Augenlider schwach heben. Nicht viel konnte ich erkennen – nicht viel mehr als dunkle und schwammige Schemen, die für mich keinen Sinn formen konnten. Doch mein Gehirn überraschte mich hier. Aus den unassoziierbaren Schemen wuchsen seltsame Kreaturen, die in der gebrochenen Art, in der sich versteinerte Greise bewegten, umherschwirrten, mir zuriefen, mich riefen, an mir zogen, zerrten.

Dies war nicht die Wirklichkeit, aber ich schien in dieser Welt gefangen. Von den Füßen auf durchflutete mich eine wohlige Wärmewelle. Ich spürte, daß dies so etwas wie mein Geist sein mußte, oder nur die Auswirkung seiner erstaunlichen Kräfte, die ich schon seit langem versuchte zu enthüllen. Nur einen Augenblick hatte es den blassen Anschein, daß diese neue Welt in ein mich zermürbendes Chaos zu verfallen drohte. Dann wieder erfasste mich ein Gefühl der unendlichen Klarheit meiner Gedanken, einem Gefühl des Verbundenseins mit allem, was war.

>>

Sie war noch immer völlig verwirrt. War er gestorben, hier an diesem Ort der größten Freude? Hatte er sie verlassen, um ein anderes Leben zu beginnen?

Tränen durchliefen ihr traurig-entstelltes Gesicht, durchzogen die Narben eines wechselvollen Lebens.

Das war das letzte Kapitel einer zu schönen Geschichte. Verzweifelt seufzte das Ende.

>

Verwelkte Blumen hängten ihr Antlitz ihrem Tod entgegen. Der Kreislauf würde sich ein weiteres Mal schließen. Anfang und Ende. Re-degeneration. Repitition. Rekapitulation – und ganz geheimer Hohn.

>>

Der Fotograf drückte den Auslöser. Dies würde bestimmt ein gutes Bild werden, ein Bild, das lebt – Kunst als Gunst des Momentes.

Der Apparat verweigerte sein Funktionieren. Erneut zog der Fotograf den Film auf und überwand dabei einen gemeinen Widerstand, der sich in diesem Lichtbilderzeuger festgesetzt hatte.

Wenig später war der Film gerissen, der Apparat geöffnet und das Geheimnis gelüftet.

>

Als dem kleinen Scheibenwischer Pepé das Auto auf den Fuß fuhr, verzog dieser vor Schmerzen sein junges Gesicht und rief laut nach seiner Mutter.

Erbost stieg der Fahrer des Wagens aus, zog den Jungen grob zu sich heran und versetzte ihm eine hinterträchtige Ohrfeige. Dann stieß er den winzigen Wicht auf den Bürgersteig, daß dieser dort aufschlug und sich eine unangenehm blutende Wunde zuzog.

Ein klein wenig erleichtert setzte der Autofahrer dem Hupen der anderen Fahrer hinter ihm, die anderen Scheibenwischern auf die Füße gefahren waren, ein Ende – und leitete seinen schicken Wagen durch das erbärmliche Gewimmel der Metropole.

>>

Eine verirrte Blume setzte sich auf die Biene. Sehr schnell erkannte sie den Unsinn ihres Tuns und flog fort.

>

Die Wärme ließ langsam nach, machte genüßlich einem bitteren, einem bösen Zittern platz.

Meine Knochen vibrierten, sangen das letzte Lied, den letzten Vers. Die letzte Note ist immer die beste. Klingt sie aus, klingt sie fort nach irgendwohin. Nachklang. WummOng !!! Aus der Ferne erscholl das mächtige Läuten einer Kirchenglocke. Menschenmassen strömten aus ihren Häusern, schwärmten aus wie Fliegen dem Scheißhaufen entgegen, setzten sich nieder, asten.

Ein einbeiniger Soldat aus einem längst vergessenen Krieg schlug morsche Wirbel auf seiner Trommel. Die Fliegen tanzten, tanzten im manisch-drohenden Rhythmus des Krüppels.

>>

In einen feuerroten Talar gehüllt vollzog der hintertriebene Priester die Umkehrung seiner Ideale. Mit eisiger Hand löschte er die Kerzen auf dem Gott geweihten Altar und sagte dabei die furchtbaren Worte SATANAS REGNUM. Satanas Regnum.

Diese Worte der Blasphemie beendeten mein Zittern. Aufgebracht wollte ich losstürmen, den Lästerer des Höchsten zu erdrosseln, wie es stand geschrieben in dem Buch von einst und damals – und es begleitete mich auf all meinen irren Wegen, so unergründbar sie auch waren. Sie waren sein.

Nein, ich durfte nicht, war gefesselt in meiner verblassenden Befreiung von allen Schranken, mußte liegenbleiben, spürte das Vertraute, das lang Geliebte zurückkehren in meine eigene Realität voller Zucker und Serotonin. Meine Realität?

>

Versiegt waren die Tränen, getrocknet, das Salz auf der Haut geblieben. Ein Schimmer der Hoffnung setzte sich freundlich auf ihr Gesicht. In ihren Armen wiegte sie den kleinen Pepé in einen tiefen Schlummer. Wunden heilten durch Liebe, das Leben heilte die Liebe, der Tod belebte die Triebe.

>>

Ich stand auf und reichte dem Fotografen die Abzüge seiner Bilder, die er zu schießen geplant hatte. Stumm nickte er und machte sich geschwind auf seinem klapprigen Fahrrad davon.

Vom Wegrand pflückte ich eine graue Blume, die, als ich sie an meinen Mund hielt, lachend erleuchtete – in den wundersamsten Farben.

>

Als der Bus an der Haltestelle anhielt, stieg sie mit Pepé in ihren Armen ein. Gutmütig zwinkerte der Busfahrer – und leise setzte sie sich neben mich. Sanft begann ich, ihre Wangen zu streicheln, küsste sie mit meinem trockenen Mund auf ihre sich verzehrenden Lippen; und vorsichtig leckte ich das Salz aus ihrem Gesicht, schmeckte all den tiefen Schmerz, schluckte ihn herunter.

Aus der Luft griff ich die bunte Blume und hauchte mit heißem Atem in ihr linkes Ohr:

" Ich sag Dir alles! ".

<<<

Zwischen den Wellen

Ich segelte in unbekanntem Gewässer und hatte meinen Blick auf den goldfarbenen Horizont gerichtet, als über mir eine schwarze Krähe erschien und mich folgendes fragte – und zwar zu meinem besonderen Erstaunen: "Was ich fragen will, dies ist nicht viel, könnte auch für immer schweigen, doch nun, da mein Schnabel schon einmal geöffnet – und das geschieht beileibe nicht allzu oft – werde ich nicht länger zurückhalten, was doch als Schall in die Welt hinausgetragen werden muss: Was treibt Dich in dieses Wasser, welches noch niemand hat vor Dir befahren?".

Ich zögerte, eine Antwort zu geben, da mich diese wohlbedachte und berechtigte Frage doch in eine nicht zu leugnende Verlegenheit brachte, aus welcher ich mich nun mühevoll herauswinden mußte.

Aber ich faßte mich kurz, da zu viel meiner inneren Welt auf dem Spiel stand. "Ich würde lügen, wenn meine Antwort nicht wie folgt lauten würde: Es ist nicht der Wind allein". Diese meine Worte hallten in all ihrer bedeutungsvollen Schwere nach, in meinem Kopf, in der Luft, durch die Welt.

Abermals erfasste mich ein Zögern, da ich glaubte, diese Erklärung könnte nicht ausreichen und würde die Krähe dazu nötigen, weiter nachzufragen oder unbefriedigt davonzufliegen. Da ich an beidem nicht sonderlich interessiert war und auch nicht sehr viel mehr Zeit abseits meines streng geplanten Tagesablaufes verschwinden lassen wollte, fügte ich dieses noch hinzu, in einem wohlwollend milden Ton: "Es ist nicht der Wind allein".

Sicher, fiel es mir ein, hatte ich damit nicht viel mehr hinzufügen können. Aber die Bedeutung war gestärkt worden. Trotzdem plagte mich ein unangenehmes Gefühl, von dem ich nicht genau sagen konnte, wo es seinen Ursprung hatte.

Abgesehen von allem Unbehagen, das mich ergriffen hatte, verschwand die Krähe jedoch in einem Zustand der Zufriedenheit hinter dem Horizont, nicht aber ohne eine Feder ihres schwarzen Kleides sanft auf das Wasser fallen gelassen zu haben.

Bis zu ihrem Auftreffen vergingen einige Augenblicke, doch dann konnte ich es zwischen den Wellen lesen:

"Über dem Grund liegt der Grund der Gründe,
warum Gründe keinen besonderen Grund benötigen,
sondern vielmehr im Gründigen gründen".

Also setzte ich meine Segel und verschwand.

2000

im spiralnebel des geistes

es ist alles ganz einfach, vielleicht aber auch ganz anders und sehr schwierig. man kann es nicht sagen, ohne zu luegen. genau betrachtet, kann man nichts sagen, ohne zu luegen.

jeder gedanke gebiert nur einen weiteren gedanken, der einen weiteren gedanken gebiert usw. – nie hat es ein ende. und ueberhaupt hat nichts ein ende, denn nichts hatte einen anfang. es war schon immer da und wird fuer immer sein.

wenn ich jetzt sterbe, werde ich tausendfach neu geboren, in jedem augenblick – ob du ihn verfolgst oder nicht. es wird passieren, unweigerlich. energie kann nicht verloren gehen, sie aendert nur ihre form.

ich werde auf ewig existieren.

wer sein schicksal beherrscht, ist herrscher seines universums. schicksal – nur ein lang gepflegtes trugbild. meine welt ist eine welt der einbildung. sie ist wie alle welten und laechelnd strecke ich meine hand in die anderen universen, die da vor mir liegen, die da hinter mir liegen, die mich in allen dimensionen umgeben. ich kann sie jederzeit vernichten, denn sie sind nur in meinem kopf, wie auch ich nur in meinem kopf bin, wo ich bin in einem kopf, der ich bin und so geht es weiter. es ist die spirale der unendlichkeit. niemand und nichts kann sich ihr entziehen. sie wird sich stetig schneller drehen, bis wir uns alle in ihr verlieren, um nur kurz darauf wieder aus ihr aufzutauchen als etwas neues, einzigartiges und bereits ewig gewesenes.

alles und nichts heben sich auf, denn sie sind nur flache begrifflichkeiten, schwache worte, die erdacht wurden in menschenhirnen. schwarz und weiss sind viel mehr als polaritaeten. es ist alles mehr, als es zu sein scheint, und zur gleichen zeit viel weniger. etwas ist alles und alles ist etwas. alles ist gleich und verschieden.

nie koennte ich aufhoeren, hier weiterzuschreiben.

und doch ...

neue wege auf alten pfaden

der wind blaest voran blut und steinkalt die ahnung einer seligen zukunft, flieht die grauen wolken und seidenbehangen rauscht das meer der gluecklosen traeume. die lider gesenkt – aber den mund gespitzt, atmet den trockenen duft deines herzens mein koerper – breitet sich die seele ueber friedvolle felder der leidenschaft.

die ernte, umsorgt und nun reif. blass schimmernd die farbpalette der sehnsucht. gemaechlich kommt der sensemann, schwarz umdunkelt seine augen, bitter glaenzend und blitze der weisheit, des allmaechtigen schweigens. *gepriesen sei der untergang auf leichten fuessen.*

nur ein paar schritte, und ich bin fort. es ist die kunst des verschwindens. in eine andere welt. vielleicht. und dort wird auch dein herz sein, schlagen. die liebe, die ewigkeit und die einzige formel des multiversums. ich schreib sie auf und meine schrift verfliegt. das emporsteigen grauer asche, der goettliche gesang immerwaehrenden leidens.

es hat ein ende. nur ein paar schritte, und ich bin fort. es ist die kunst des verschwindens. in eine andere welt. vielleicht. und dort wird auch dein herz sein, schlagen. die liebe, die ewigkeit und die aufloesung allen seins.

Transzendierend die periphere Nähe

Am Himmel ein lachend Stern mich blendet – und seine herrlich anmutende Form verschwimmt in meinen tränenden Augen, verwandelt sich in einen diffusen Fleck, der in der Sinnlosigkeit endet. Weisse Kreuze ballen sich auf schweren Lidern und der Henker öffnet die Luke.

Ich hebe meine Hand – und meine Hand sinkt nieder.
Ich hebe meine Hand – und meine Hand sinkt nieder.

Von dort oben sieht er mir zu, vielleicht denkt er manchmal auch an mich, wie ich meine unbedeutenden Bahnen ziehe und mich im Kreise bewege. Oder auch nicht. Wenn ich es wüsste, würde ich nicht schreiben – *und meine Hand sinkt nieder.*

Aber meine Gedanken gehören ihm – schon seit langer Zeit, und ich erinnere mich an damals, als er noch nicht so kräftig strahlte und ich ihn erblicken konnte. Und dann wieder kriecht die Idee aus mir heraus:

Sein Glanz ist mein Ruin.

In mir tanzt noch eine Flamme, klein und schwach – mein Seelenfeuer. Tanzt im warmen Wind der Nacht. Schon bald wird aller Sauerstoff aufgebraucht sein und die Leere wird herrschen, wo einst war ein Leben. Der Gott des Nichts zieht heran. Es ist ein perfekter Gott – unersetzbar.

Und nichts versperrt mehr den Weg nach unten. Jetzt kommt der Fall, er kommt sehr schnell. Ich spüre noch das Brechen – dann trägt es mich hinaus in der Sterne Himmel, in seine mächtige Klarheit, seine leuchtende Unschuld und berechnete Kälte.

Aus der Ferne höre ich ein Herz schlagen – und weiss, es ist seines. Allmählich komme ich ihm näher, finde den Ort meiner Ruhe, spüre seine Wärme und sehe eine sanfte Seele durch seine wohlwollend blitzenden Augen.

Ein Moment wird unsterblich, und noch ehe ich mit meinem Stern verschmelze, hinterlasse ich ein Wort als Schall im Raum.

„Endlich"

daemmerung des leidens

meine kranken lippen trinken leise den schalen saft der sehnsucht aus deinem düster´n mond, der da vergeblich leuchtet in einer verlassenen welt.

nur die erschöpfung bleibt zurück, ein ausgesaugter körper – schön und leer, ein kleines kind, das heimlich weint. der letzte erbe eines verschleimten geschlechts.

der zauberer im roten gewand spricht eine nutzlose formel, verstreut sie in sieben blaue winde und erntet die faulenden rosen von deinem grab. ein wenig tiefer dann die knochen.

der feuerdrache lacht und eine unbekannte flagge verliert ihren glänzenden stolz im hauch der einsamkeit.

nordwärts drängen die furchtlosen reiter ihre erschöpften pferde, treibt der schnee seine weichen flocken, rast eine lok ohne führer. nur die blumen sollen leben.

aus der wüste erheben sich staubige ruinen, die einst waren des herrschers stadt. wie in einem gewitter erscheinen als blitze erinnerungen aus den vergangenheiten paralleler universen, verblassen mit einem donner und der stets anwesende rabe ruft von meiner schulter seine letztgültigen wahrheiten.

zu meinen füßen liegt ein verblutendes reh. seine augen schimmern traurig – und doch geht sein atem ruhig, der schlag seines herzens versinkt im moos. ich lege mich zu ihm. lausche der wandernden seele auf ihrem letzten weg, fühle die sickernde wärme einer verurteilten existenz.

weit weg vollführt der zauberer einen seltsamen tanz, dreht sich in der schleife der unendlichkeit und erwacht als dirigent der kosmischen harmonien.

dann endlich sehe ich wieder die konturen deiner göttlichen gestalt, die zarten bewegungen deines verletzlichen körpers. in meinem gehirn glüht es, verzehren die gedanken einander, führen einen erbarmungslosen krieg. keine gnade für das leben.

lass mich ein teil deiner selbst sein – winzig und unbedeutend, mich auflösen in dir.

[...]

nur die erschöpfung bleibt zurück, ein ausgesaugter körper – schön und leer, ein kleines kind, das heimlich weint. der letzte erbe eines verschleimten geschlechts.

nova

„diese tränen der freundschaft nimm mit auf deinen weg, den durchstreifen goldbeschlagene flügeltiere und der wolken bleierne last trage auf deinen harten schultern" – so ihre worte durchdringen die von schwarzem atem schwangeren lüfte. noch schneidet mein sumpfgefärbtes messer das reich der ewigen glückseligkeit, aber daherschreitet von nahem der unempfindsame reiter mit bestialisch verzerrtem lächeln, in dem sich spiegelt der abgrund meiner erdgetränkten herzenslust. ||

nur ein stück liebe schlachtete heutzutagen mein herz – und immer bohrt sich tiefer der widernde haken und die trügende kraft eines seidenbekleideten gottes auf tänzelnden füßen. er geht wie ein fliegend blatt im fall zu feuchtem boden, in dem sich derweil schabende würmer durchfressen in kommender post. ||

so wirft hinaus mein auge einen letzten blick der kriechenden sehnsucht – erfasst ihre still blutende seele und meine trockene zunge hängt zu versteinerten füßen. da schwingt sich plötzlich ein glühender hammer in meinen knochigen händen und erschlägt die elende skulptur eines nebelverhangenen hasses, hinter dem hervorleuchtet ein smaragdenes schloss in hochsilbrigem glanze. ||

den geistern zu dienen eilt sie voraus, doch in stählernem schritt erreicht mein schreiender körper ihre fliehende sanftmut, reisst zu boden das weiche fleisch, in das hinein sich gräbt meine gesichtsmaske in theatralischsten zügen eines kürzlich gefallenen clowns mit bleicher haut. ||

den letzten weg zu gehen zeigt die schneide die richtung an, und es tropft ein roter regen die eilig verlassene gasse hinunter in das tal der vernarbten wunden – langsam und schwer, wie mein verwelkter atem. langsam und schwer. in weichen federn badet mein puls, die adern liegen offen zu empfangen den immerwährenden segen, zu besiegen die demut und den fluch der stets verfrühten gnade. ||

und aus den büchern lies mir vor eure lügen, zu betäuben meinen willen, zu blenden meine sicht und zu töten das verschenkte leben. ||

letztes jahr noch schien das graue dämmern wie eine reifende ernte, der palast der von eitelkeit gestreiften maiskolben, der triumph des raubverhagelten panzergewehrs. ||

ewig in liebe, die kosmischen bahnen, vereint in der unendlichkeit von rasenden sternen getragen – durch den versiegenden strom einer gelebten illusion, eines verzerrten splittergebildes, das so tief steckt im sein. nur lass mich an deinen lippen hängen, versinken in dunkelsamsten träumen und den widerstand aus deinem körper saugen. ||

erst wenn wir das lied der fische singen, werden wir als neue sonne geboren werden.

Ein neuer Wind

Von hier oben schimmert alles in einem goldenen Glanz, sehe ich die reifen Felder in leuchtenden Farben meinen wissenden Augen entgegenstrahlen.

Zufrieden schreitet in der Ferne ein Bauer durch die reiche Ernte. Der Vögel Ruf ist klar – und wie Kristall schneidet er sich durch mein Herz, hinterlässt lachende Wunden, die niemand nähen muss. Sie werden heilen.

Mein Atem schleicht, ich bin so still und einmal mehr fühle ich die unendliche Kraft des Schweigens. Langsam breitet sie sich aus, tastet mit Ihren vorsichtigen Tentakeln immer weiter in die Lüfte. Auch sie hat gespürt: es ist ein schöner Tag – und dann bricht sie aus mir heraus in die Freiheit wie ein gleissender Feuerball.

Auf einmal geht ein kühler Wind, und ein Frösteln legt sich über meine sanften roten Lippen. Die Sicht wird neblig und meine Visionen verblassen. Leichte Regentropfen setzen sich auf mein Gesicht und ziehen ihre wirren Bahnen. Dort draussen ist sie jetzt – die Kraft des Schweigens – hat mich verlassen.

Ich bin nun leer und ohne Wert.

Von dem Wasser kommt sie her. Ihre tiefen runden Augen weinen weiches Blut, aber sie bleibt nicht stehen, schreitet rasch voran und ihre Haare wehen verspielt im Wind. Die Welt als Schatten grüner Raben. Dieses Bild hat sich hineingebrannt in meine Realität, ist wie ein unauslöschliches Zeichen verewigt in meinem Gehirn. Zu schalten den Oszillographen auf 0xffoooo.

Als ich mich erhebe, ist die Welt grau wie ich. In der Tiefe höre ich die Menschen wimmern und ein schmerzendes Lachen huscht über mein versteinertes Gesicht, bringt mir ein kleines Stück Erleichterung.

Es ist kälter geworden. Noch immer fliegt stolz das Schweigen durch die Lüfte und was es streift, erstarrt zu Eis. Bald schon wird das Werk vollbracht sein und ich werde mich zur Ruhe legen.

Bald.

Aus einer fremden Welt

In den Tälern des Lotus, da die verzweifelten Strahlen der Sonne niemals auslöschen die grauen Schatten des Lebens, versinkt in den brennenden Wassern der ruhlosen See das blaue Schiff der Gerechtigkeit – und auf ihm zwei tragische Wesen.

„So der Mond uns erleuchtet, wir trinken von seinem seidenen Glanz. Und von den Bergen die Adler rufen uns zu, als sie erkennen das Ziel unserer Reise. Der Fische Gräten weisen uns den Weg in die Ewigkeit."

Das ist ihre leise zerbrechliche Stimme, die mich in jedem Moment meiner Existenz könnte zerschmettern. Ihre Liebe ist ihre einzige Macht, das weisse Kleid um ihren Körper ein Schleier, der ein Paradies verhüllt. Und in der feuchten, frischen Luft sehen die Tiere der Dunkelheit mein Zittern, wenn ich an sie, meine Liebe, denke.

Es ist eine dieser Nächte – und langsam kriecht das Wachs der Kerzen auf das Holz des Bootes. Nur willenlos treiben wir so umher und warten genüsslich auf das Ende.

„Damals, als es begann" versuche ich, es ihr zu erklären – und verstumme. Fragend schaut sie mich an, dann wieder kehrt dieses stille Lächeln auf ihr Gesicht und wir sind glücklich mit dem, was ist.

Schon steht das Wasser zu unseren Knöcheln und die brennende See, die unser Boot umschließt, gibt uns diese fatale Sicherheit über die uns in den schweren Schlaf wiegende Zukunft.

Dann dreimal kräht der Hahn und meine Erinnerung verblasst.

Rückkehr des Königs

Aus finsteren Träumen er erwacht ein weiteres Mal, nur, um zu erkennen, dass er noch ist, aber nun wieder ein anderer und doch immer derselbe kleine Mensch. Um seinen Körper fließt goldenes Licht, dass es seiner verbrannten Seele sehr warm wird. Seine Gegenwart ist stets die Summe aller Momente der eigenen Vergangenheit, er selbst nur das Produkt eines kosmischen Zufalls und zweier getrennter Willen, die einst sich in enthemmter Motorik trafen und zu etwas neuem verschmolzen.

(Gott würfelt. Gott würfelt. Er ist ein hoffnungsvoller Spieler.)

In einem früheren Leben nannte er sich selbst einen Schwarzen König, jetzt trägt er keine Namen mehr – und keine Masken. Eines Tages hatte er aufgehört, ein grotesker Schauspieler als unbedeutender Teil eines mehr als absurden Theaters zu sein. So wurde der Namenlose wirklich – und unsichtbar für all die falschen Wesen, die ihre sinnlosen Existenzen noch auf einem tödlich erkrankten Planeten ausleben. Diese Kreatur hat es weit gebracht – und doch nichts erreicht, da sich ihm wieder nur die eine Wahrheit offenbaren wird:
Es ist ein Weg ohne Ende.

Eterna

Es ist wie damals. Wieder einmal. Vor mir steht Eterna. Auf ihrem lieblichen, elfenhaften Gesicht hat sich ein fremdartiger Ausdruck niedergelassen. Ich kann ihn nicht deuten, aber ich spüre, dass etwas unheilvolles geschehen wird. Sie formt mit beiden Händen eine Mulde, in der sie einen leuchtenden Gegenstand hält. Nein, meine Wahrnehmung hat mich getäuscht. Es ist keine Materie, die sie in ihren Händen schützt – doch da sagt sie mir schon, was es ist:

„Es sind all unsere Träume. Schau her! All unsere Träume in allen Farben des Lichts". Ich bin erstaunt. Tatsächlich, was sie in ihren Händen hält, schimmert bunt, ist das ganze faszinierende Lichtspektrum von den dämmernden roten bis zu den tiefen violetten Tönen.

Ist sie es wirklich – ist es Eterna, meine Geliebte, die dort vor mir steht? Ich mustere das Wesen in seiner äußeren Gesamtheit, indem ich beim Kopf beginne, aber bereits bei den Augen wird mein Blick gefangen, unweigerlich in die felsigen Tiefen ihrer Seele gezogen. Es gibt kein Entrinnen.

>>>

Es ist Nacht. Leichter Frost hält die Tiere in ihren winterlichen Verstecken, nur der Vollmond sendet ungestört seine kühlen

46

Strahlen auf die Erde. Vereinzelt bricht sich Sternenlicht in den ruhigen Wellen des Meeres, schimmert beinahe dämonisch und erzählt meinem alten Herzen Geschichten vergangener Liebe. Vor mir streckt eine goldene Brücke ihre Felder in die Weite der See. Dies ist der Weg, den ich nehmen muss. Ich kann nicht sagen, wo die Brücke enden wird, aber man erzählt sich, dass dort drüben das neue Reich warte.

Ich habe einen dünnen Mantel an, der die Kälte nur mühsam von mir fern hält. Doch in mir selbst glüht es. Woher kommt diese unbeschreibliche Hitze? Es muss ein Fieber sein, das mich gepackt hat. Ich weiß nicht mehr, wann. Was weiß ich überhaupt?

Ich wische mir den Schweiß von den Augenbrauen. Dieses etwas will mich verbrennen. Warum nur – ich habe niemandem etwas getan. Wahrscheinlich ist es gerade das. Ganz bestimmt. Mittlerweile stehe ich auf der Brücke. Unter mir rauschen sanft die Fluten. Langsam setze ich einen Fuß vor den anderen. Meine Schritte ergeben ein hohles metallenes Klingen, und trotzdem scheint sich daraus eine mir bekannte, verführerische Melodie zu formen – fast wie ein Lockruf in die Ferne. Das alles gibt mir Sicherheit. Von nun an bewege ich mich rascher. Dann plötzlich vernehme ich ein entsetzliches Wimmern hinter meinem Rücken. Verängstigt blicke ich mich um. Am Ufer steht eine schwarze Gestalt – ich kann sie kaum erkennen. Da passiert etwas: es ist, als wäre ein Käfig um mein Gehirn gesprengt worden und alles erscheint viel deutlicher, in einer selten erreichten kristallenen Klarheit. Dort am Ufer, das ist meine Eterna, gekleidet in ein schwarzes, still wehendes Kleid. Über ihr silbernes Gesicht kriechen dunkelrote, zähflüssige Tränen. Das Wimmern bricht ab und ich sehe, wie ihr Mund leise nach mir ruft. Ihre rechte Hand winkt mir freudig zu und der drückende Fluss der Tränen erstirbt. Euphorie durchströmt meinen Körper. Ich spüre, wie sich alles in mir nach der Liebe reckt, wie die salzige Luft meine Lungenflügel reinigt, wie die allgegenwärtige Kraft der Gravitation, dieses kleine Stück gekrümmte Raumzeit, ein wenig von mir ablässt. Es zu beschreiben ––– kann nicht mit Worten erreicht werden. Nie könnte es das. Eterna, meine Liebe! Meine Eterna! Mein Alles!!

Ich rase den Weg zurück zum Ufer. Meine Schuhe schlagen gewaltsam auf die goldene Brücke, aber nun höre ich keine Melodien mehr, nur noch das Ächzen des weichen Metalles. Dort, dort am Ufer – noch immer winkt sie mir zu, wird dessen nicht müde. Und ich renne ihr entgegen – ihr immer weiter entgegen. Aber ich komme ihr nicht näher. Die Brücke nimmt kein Ende, einfach kein Ende. Ich kann den Strand nicht erreichen! Meine Beine überschlagen sich – ich komme kein Stück voran, viel eher, so muss ich die grausame Wahrheit erkennen, wird die Distanz zum Ufer stetig größer, bis ich Eterna kaum noch sehen kann. Dann setzt es wieder ein, dieses entsetzliche Wimmern und der Käfig um mein Gehirn schnappt erneut zu.

Über mir höre ich den vollen Mond lachen. Sehr bald kommt ein eisiger Wind auf – nein, es ist eigentlich ein Sturm, der die Wellen wie besessen peitscht. Die Brücke fängt an zu zittern und ich gebe es auf, das Ufer doch noch erreichen zu wollen. Ich setzte mich auf den Boden und weine heimlich erstickte Tränen. Und dennoch: sie hinterlassen giftige, weiße Spuren auf meinem Antlitz. Eine einzige nur fällt auf die Brücke – dann löst sich die edle Konstruktion auf und der Sturm reißt mich in die wilden Wellen der See.

Ich bin verloren – und es ist überflüssig, an diese Niederlage noch zu denken. Es gibt kein Entrinnen.

<<<

Ich tauche wieder auf aus ihrer Seele. Eterna lächelt, flüstert etwas durch ihre zarten Lippen. Dann tritt sie auf mich zu – die Träume hält sie noch immer sicher in ihren Händen. Aber nun wirbeln die Farben unaufhaltsam durcheinander, drehen sich schneller um ihre eigenen kleinen Bahnen – bis sie sich zu einem rein leuchtenden Weiß vermischen. Wieder hat es mich gefangen, doch dieses Mal werde ich nicht ...

>>>

Ich erwache. Die Sonne brennt mir in die Augen. Ich schließe sie rasch, dann versuche ich es erneut. Es ist Tag und ich liege am Ufer, nur wenige Meter vor mir spült die See die schaumigen Wellen an den Sandstrand. Das monotone Rauschen gibt mir Gewissheit: Ich lebe.

<<<

Die Träume schwirren nun durch den Raum. Meine Lippen haben sich auf Eternas Lippen gesenkt. Ich umfasse ihren warmen Körper, fühle, wie ihn das Blut durchfließt, wie ihr Herz lachend schlägt, sich ihre Lunge durch den leichten Atem hebt und wieder senkt. Ihre Haut ist weich und es scheint fast so, als könnte ich in ihr versinken. Eterna – sie ist eine Göttin. Meine Göttin! Ich werde in ihr versinken.

>>>

Das monotone Rauschen der Wellen – es hat nicht aufgehört. Ich blicke auf das Wesen zu meinen Füßen. Es ist wie ein surrealistischer Fremdkörper in einem Foto. Was macht er hier – was ist geschehen? Ich knie mich in den Sand, streiche die Haare aus dem bläulichen Gesicht des gestrandeten Wesens.

Das ist sie, ist Eterna, meine Göttin! Meine Hand streichelt ihre kalten Wangen. Eterna schläft – ich hauche ihr ihren Namen in das Ohr. Aber ich weiß es – so sicher, wie seit langem nichts mehr:

Sie wird nicht mehr erwachen.

Elektra so schön

"Die Wahrheit kann nicht in den Büchern gefunden werden" sagt Elektra mit einem seltsamen Lächeln und schlägt das kleine grüne Buch, welches sie in ihren zarten Händen hält, zu. Schlag: dumpf in trockenen Ohren gefangen, Quadratwurzelecho als silbern-schwarz-interpolierendes Rechteck; auf der mentalen Mattscheibe wirbelt Staub, farblos fließende Fragmente des zerbrochenen Kinder-Ka-leid-osk-op-es bohren sich in edelversteinerte Augen – so reise ich im Über-blind-flug meines Lebens voller gesandstrandeter Quecksilberperlen. An die Schallmauer. Sie durchbrechen. /brochen.

Dem Sonnenstern entgegen ... und unter mir:

Himmelblau. Wolken. – halt, nein! ich will nicht denken, versuchen – laßt mich.

Elektra, Elektra – sinusschwingende Stimme, eiskalte Transparenz, Spiegel meiner Seele. Ich lausche ihr, blicke hinab auf blanke Schollen, die metallen glänzen. Treiben. Immer nur treiben, haltlos – und fort! Mein Gesicht: getreu abgebildet mittendurch der Wirklichkeitsschein, und doch nur Scheinwirklichkeit – belangloser Witz und älter als.

Im Blutrausch noch rast mein Herz und viel tiefer da versteckt sich ein weiches Gefühl ruhig pulsierend, wärmt sich eine Liebe in tödlicher Schwarzglut, da springt in Funken meine Elektra und wird Bruchsekunde für Bruchsekunde neu geboren. Für sie will ich verbluten und mich zugrunde richten, mir die Adern aufreißen, nur um zu sagen: "Sie allein!".

In Realitätssplittern, ein freier Fall in Quantensprungverzerrung, so erringt die Allmacht Gravitation einen weiteren Sieg – zwei Finger in die Luft einhunderttausendmal. Frieden. ... das grüne Buch liegt nun am Boden –

meine Elektra blickt erstaunt und lächelt, lächelt. Glanz weiß.

Jetzt ist es Zeit, die Bühne zu betreten.

Vorhang hebt sich, in den Lichterfluten erscheint ein Schattenwesen und irgendwo da drin treffe ich mein unbeschriebenes Ich, ein reines Blatt.

Aus fremden Augen schaut es sich noch immer am besten.

Stille.

Ich stehe steif, ohnbewegt aber mächtig.

Applaus.

Verneigen. Lächeln. Gehen.

Vorhang fällt und Lichter aus.

Dahinter beginnt das wahre Leben, erstrecken sich die elysischen Felder, die niemals in Brache liegen, wirft der gewaltige Überfluss seine reißenden Arme und ergießt sich wollüstig in den Ozean der Begierde.

Und dort wartet Elektra, die Schönheit ohne Sprachworte, auf den Scheu-spieler, wehen die süßen Düfte der Verlockung aus geilem Fleisch.

Zugreifen, reinbeißen – der Speichel entwindet sich elegant ins Nirgendwo.

Oh, Elektra! Es gibt sie nicht mehr, die Worte. Tscchhhh...

Von Auge zu Auge. Es kann alles gesagt werden: ohne Laute. Reden ist Lügen. Wir schweigen.

Die

      Stille

weiß!

.... alles.

Ich will mich bücken nach dem Buche, doch da ergreift Elektra meine dem Grünen Gefallenen entgegengereckte Hand. Ein herzliches Drücken, Seelenfluß, sie und ich – nur wir.

H y p e r v e r s u m .   E n d l o s ,   e w i g –

wir sind eins, unzertrennbar. Weder Kettensägen noch Elektronenhagel können ().

Jetzt steht sie vor mir, ihr Atem streift mein Ohr – das ist von ihr, Elektra, es ist ihr Lebensstrom.

In meinen Armen. Sie und ich – zwei Kräfte vereint, nichts ist s t ä r k e r .

Wie noch könnte ich anders leben, wie intensiver? Vergessen und Schweigen.

Endlich ist sie da, die vollkommene Leere, ... und der Punkt ohne ein Zurück – ich habe ihn überschritten, meinen Rubicon und alea acta mt. forever est.

I c h   b i n .   I c h   b i n .   I c h   b i n .

U n d   i c h   l i e b e –

E l e k t r a !

Schweigen, Leere, Schweigen

Da sitzt er nun. Sitzt er immer noch. Da sitzt er nun noch immer. Und er schreibt, er schreibt – noch immer, wie er da so sitzt und ganz allein. Was schreibt er da, er weiß doch nichts. Weiß nichts. Nichts mehr, noch nie gewusst. Es sind Worte. Traurige Worte, die er schreibt. Und er sitzt immer noch da. Die Zunge haben wir ihm herausgerissen, nun schreibt er Tag und Nacht. Er hat nichts zu sagen, nichts zu schreiben. Tag und Nacht schreibt er. Trotz allem. Er schreibt. Und er sitzt da ganz allein. Er und seine stummen Worte. Er weiß nichts. Sein Kopf ist leer und er schreibt. Tag und Nacht. Hin und wieder fließen ihm die Tränen übers Gesicht. Er wischt sie unter die Worte, mischt sie mit seinem Blut. Seinem Blut. Er schreibt sein Leben mit seinem Blut, mit seinen Tränen. So sitzt er da. Er schweigt. Ganz still. Schreibt Worte, die er nicht kennt, Sätze ohne Sinn. Sein Vermächtnis. Er schreibt sein Vermächtnis. Und sitzt da ganz allein. Sein Blick ist starr. Er starrt ins Nichts, starrt in sein Leben und starr auch bald er. Das schreibt er auf. Jetzt gleich. Sein Körper wippt sanft. Nach vorn, nach hinten, nach vorn, nach hinten. So wippt er. Und er schreibt. Alle(s) Worte, alles Leere, alles Schlechte. Er kennt keinen Schlaf, schläft nie, wird nicht müde. Wippt vor und zurück auf seinem Stuhl. So sitzt er da. Er schweigt. Ganz still. Schreibt Worte, wertlose Worte, wortlose Werte. Wortloses

Schweigen. Das schreibt er mit Blut und Tränen, schreibt er, bis das Universum wieder ist, was es war: Eins.

Sehnsucht

Lounge // Act I – departure

Ich weiß, ich sollte nicht hier sein. Aber ich bin. Es lässt sich jetzt nicht mehr ändern. Der Himmel ist blau und wolkenlos. Unschuldig, könnte ich sagen, aber das ist er nicht. Niemand und nichts ist unschuldig. Ich sitze auf einem kleinen Stuhl, schaue durch eine blankgeputzte Scheibe in die Welt da draußen. Auf dem Glas zeichnet sich mein Spiegelbild ab. Ich erkenne meine dunklen Konturen, aber ich bin es nicht selbst. Nicht ich selbst, der so sehnend durch dieses Fenster schaut nach dort draußen.

Dort draußen. Dort draußen – hallt es hohl durch meinen Kopf hier drinnen. Nur hier drinnen bin ich wirklich. Lebe ich im Innern.

Ich wende den Blick ab. Ein Beobachter könnte denken, ich sei etwas nervös, angespannt. Aber ich bin ruhig, gefasst. Es ist nur das Reisefieber, mehr nicht.

Über die Lautsprecher haben sie gerade gesagt "Noch 10 Minuten bis zur nächsten Abfahrt". Die Stimme war – ich weiß es nicht, sie hörte sich so freundlich an. Noch 10 Minuten bis zur Abfahrt. Meiner Abfahrt. Ich werde verreisen. Gleich.

Lange habe ich mich auf diese Reise vorbereitet. Alles verläuft, wie es geplant, wie es abgemacht ist, wie es im Vertrag steht. Es ist ein guter Reiseveranstalter. Gutes Reisebüro. Ja.

Alle Rechnungen beglichen. Im Voraus bezahlt. Geld-zurück-Garantie? Nein, nicht nötig.

So sitze ich hier und warte. Ich warte. Gleich wird der Ansager ausrufen: "Noch 5 Minuten bis zur nächsten Abfahrt. Bitte halten sie sich bereit". Und da sagt er es auch. Der Tonfall ist sich gleichgeblieben. Nicht dramatischer als vorhin. Es ist ein sympathischer Sprecher.

Ich halte mich bereit. Zwei Sekunden – und dann stehe ich auch schon. Durch das Fenster sehe ich den Bus. Mechanisch streiche ich meine Kleidung zurecht, dann verlasse ich die Lounge und trete ins Freie.

Es ist sehr warm heute. Die Luft sirrt. Wolkenlos der Himmel – hab´ ich schon gesagt.

Mit langsamen Schritten bewege ich mich auf den Bus zu. Eine Tür in ihm steht offen. Ich werde durch sie hindurchgehen und mir einen Platz suchen.

Jetzt sitze ich allein in dem Bus. 5 Minuten werden gleich vergangen sein. Der Fahrer ist noch nicht da.

Leise schließt sich die Tür. Automatik. Ich warte. In wenigen Sekunden wird die Reise beginnen.

Der Fahrer ist noch immer nicht da.

>>

Lounge // Act II – have a nice holiday

Es ist bewölkt und kalt. Verfluchtes Wetter. Ich friere.

Da draußen steht der Bus. Er wird jeden Moment losfahren. Ich kann ihn durch die schmutzige Scheibe gerade so erkennen. Gemächlich setzen sich die Räder in Bewegung. Die Reise beginnt.

Meine Augen folgen ihm und meine Gedanken bleiben an den großen Lettern an der Außenwand hängen. *Desperation Holidays.*

Aus den Lautsprechern vernehme ich eine angenehme, sanfte Stimme:

"Noch 10 Minuten bis zur nächsten Abfahrt".

Ich bin bereit.

Der Schwarze Koenig

„Gruen glueht der Mond durch dumpfe Nebelschwaden und die gewebten Kristallfasern schnueren meinem verirrten Herzen zunehmend unnachgiebiger das ruhlose Blut ab. Ich spuere, wie meine Tage sich verkuerzen, wie Vergangenheit und Zukunft zurueckfliessen in das Nichts eines nie durch Menschenaugen geschauten Universums, wie meine Gegenwart zu Sternenstaub zerfaellt und Rudel verhungernder Woelfe die sueßen Leichenschmauslieder anstimmen".

So spricht der Schwarze Koenig zu sich selbst, er ist der Ewig Einsame, verlassene Figur auf geraeumtem Felde und laengst verrotten die Opfer eines letzten Krieges in archaeologischen Tiefen.

Stolpernd zieht dies tragisch Wesen seine Bahnen und wartet vergeblich auf das Ende. Aus goldenen Bechern trinkt es dann im Wahn den purpurnen Saft des Vergessens und taucht die gebrochenen Finger in das Eis des Lebens.

Und doch – er ist noch da. Entgoetterte Qualen sind die Natur seiner sinnlosen Existenz.

„Wer oder was, ich will es versuchen, bringt mir Erloesung? Wer oder was ist bereit?" fragt er wieder in die Nacht, und schwebend umkraenzt Melancholia mit grauen Blumen seinen durch falsche Wirklichkeitsrisse gespaltenen Schaedel. Aber es ist ihm keine Heilung.

Die verlorenen Tage vergehen und alles bleibt sich gleich. Nur der Schwarze Koenig sinkt immer tiefer in sich selbst. Trauernd haengt ihm die Rostkrone in das bleierne Gesicht, hinterlaesst feuerrote Narben laengst entflohener Macht. Und das Zepter schleift er schon zu seinen Fuessen.

„Wo oder wann, ich will es wissen, kommt die Zeit? Wo oder wann wird es geschehen?". Noch verbirgt sich die Antwort in dem neuen Reich der Dunkelheit, aber ganz seicht bald traegt ein milder Wind die reinen Harmonien der Sphaeren durch den hohlen Raum.

Eines nie gewesenen Morgens schleppt sich der Schwarze Koenig unter den schweigenden Spiegel des Himmels und erkennt, daß er nicht mehr ist, nicht mehr Koerper, nicht mehr Schatten, nur noch gekreuzigter Wille.

Die hoechste Erkenntnis ist die Leere.

2001

Anti-Literatur v4.1

Auf der Suche nach neuen Worten ... aber der Himmel zeigt sich verschlossen. Langsam sinkt die Feder nieder und kein Blick aus dem Fenster. Der freie Geist welkt wie die kranke Blume, weil Ruhe einkehrte und schläfrige Harmonie. Die rastlosen Raben ziehen fort – in den Süden oder auch andere Regionen, wo leere Seelen auf erfüllendes Unglück warten, ihre hungrigen Augen starren in den weiten Himmel, der nun so grausam milde schweigt.

Was schreibe ich hier? Wovon ist die Rede? Ich habe nichts zu sagen. Noch nie.

Die Menschen lieben ihre Lügen, die sind: ihr Leben. Sie fürchten die Wahrheit, keine Götter, die sind: tot. Der Wille macht sie schwach, denn sein Heim ist der Abgrund und viele zieht er nach dort unten, wo es ist: einsam und eine jede Seele brennt – in selbst gelegtem Feuer. Wie ist sie schön, die Zerstörung. Ich wärme mich und schaue aus leuchtenden Augen sehr glücklich.

In meinem Haus steht ein Eimer voller Sterne.

Jetzt ist der Himmel wieder klar und es regnet Worte, aber die Welt ist Chaos, kennt keinen Sinn, keine Werte. Es ist ein ewiges Wirbeln und nichts bietet Halt, nur die Lügen und vielleicht Liebe, doch was ist das schon ... Liebe. Es hat nichts zu bedeuten. Ein altes Feuer erlischt ... gleichgültig ... wird ein neues geboren. Wer das System erkannt hat, kennt die Welt – glaubt er, und er irrt, weil der Mensch immer irrt – und er hofft bis zum Ende.

Wer einen Krieg beginnt, muss kämpfen, bis er siegt oder alles im Verfall versinkt. Es gibt kein Zurück. Sie oder wir oder alle. Ein nie endender Kampf auf wechselnden Feldern, verschiedenen Territorien. Ein Schild aus Lügen schützt das verletzliche Gesicht. Klirren sie mit den Schwertern und versuchen jene zu sein, die sie nicht sind, aber gern wären. Der Wille zur Macht ist der Wille zum Untergang mit stolz gereckten Köpfen. Die Antwort ist das Schwert. Immer ist sie das Schwert. Und das Leben ist ein großer Spaß.

Wer lacht? Auch Du.

Simultane Kapitulation

Der stürmische Wind hat nachgelassen, das letzte Feuer eines grausamen Hasses hat die Welt verbrannt. Nun ist Schweigen in der Asche, in jeder ausgehungerten Seele, die noch in einem warmen Körper wohnt.

Dieser Krieg hat ein Ende und niemanden, der da die Kraft hätte, zu triumphieren auf einem grauen Feld der Ruinen.

Es wachsen keine Blumen mehr.

Nur zwei Helden halten ihre Schwerter mit schwachem Griff – eine letzte Stütze in einem verfallenen System der Gedanken. Ihre Augen erblindeten, ihre jungen Herzen wurden spröder Stein. Am Boden liegend, erschöpft und kaum noch atmend – in weiter Distanz sind sie doch wie zwei Brüder.

Das gleiche Blut,
die gleichen Tränen
aus gleichsam blinden Augen.

NADA

Ich bin es nicht! Wer ist es dann, der diese schwachen Worte schreibt mit langen Fingern wie ein Dieb? Sag, woher kommt das alles, was so wenig ist, dass es sich verliert in leeren Hallen? Du rätselst, weisst keine Antwort? Und doch tastet sich Dein Blick weiter vor, nur um das matte Dunkel einer strahlenden Welt zu erhaschen, ganz flüchtig.

Aus den Ruinen steigt weisser Rauch – empor zu tanzenden Engeln. Immer drehen sie sich im Kreise und laben ihre dicken Münder an rotem, schweren Wein, bis sie trunken zu Boden stürzen gleich Steinen.

Dann färbt sich der Himmel purpur und ein blindes Auge schlüpft hervor aus einer silbernen Wolke. Eisige Tränen fallen langsam hinab auf die entrückten Himmelswesen, das Auge schliesst sich und entschwindet.

Und wieder fragend bleibst Du zurück, vielleicht dümmer als zuvor. Es ist wie ein Spiel, bei dem ich stets gewinne. Ein schweigend´ Lächeln legt sich auf mein schön´ Gesicht.

Stillstand

Es ist nicht mehr wie früher. Langsam verändern die Worte ihren Sinn, wie sie mich verändern – Dich. Eine Evolution ohne Ziel – und doch der Weg, den wir gehen. Vielleicht kann es nicht sein oder doch. Niemand entscheidet, aber vieles ist möglich – mehr, als erdacht werden kann.

Wir können unseren Tod wählen, weil wir mächtig sind – kleine Götter ohne einen Sinn, ohne Werte. Und nicht perfekt. *Wer oder was bist Du?*

Die meisten Wünsche scheitern, weil sie nur Wünsche sind und aller Wille ist kranke Hoffnung. Es gibt keine Heilung. Alles bewegt sich und alles stirbt. Ein Moment lässt sich nicht festhalten, weil er flieht – immer.

Bilder sind Illusionen.

Stillstehend verharren heisst sterben.

Wer lebt, der stirbt – keine Flucht.

Eine Geschichte aus dem Reich der Schatten

Siehst Du, wie die Nacht sich ergießt am traurig schimmernden Himmel – dort oben ein blinkender Haufen von Sternen, so entfernt. Einen nur werde ich greifen und Dir schenken in meiner endlosen Liebe, dass alle Nacht wird strahlen wie am sonnigsten Tage des Jahres. Ewiglich.

Und ich will Dir erzählen eine Geschichte, die geschah in einem kurzen Augenblick der Abwesenheit, wahrscheinlich nur wenigen Sekunden – ich selbst habe sie verpasst und doch erfuhr ich von ihr auf einigen Umwegen. Ich nehme an, sie ist nun verfälscht, aber was ändert es, ich werde trotzdem anfangen, von ihr zu berichten:

"In einem Schattenreich wurde einst ein Prinz geboren und sehr sorgsam erzogen. Des Nachts war sein Kopf auf ein hartes Buch gebettet, darin die wichtigsten Regeln für ein geordnetes Leben geschrieben standen. Und immer vor dem Einschlafen las man ihm daraus vor, und er musste alles Wort für Wort wiederholen. Vor Anstrengung geriet der kleine Prinz schnell in einen tiefen Schlaf, und seine Erzieher schoben ihm, so bald er in seinem Schlummer versunken war, das harte Buch unter den Kopf. Da stieß der Prinz stets einen wimmernden, kaum hörbaren Seufzer aus. Dann träumte er oft von schwarzen

Spinnen, die in feuchten Ecken ihre weißen Netze woben und in denen er sich mit seinen zierlichen Ärmchen verfing.

Als der Prinz älter war, schien er ein schwarzes Wesen wie alle am Hofe und im gesamten Reiche geworden zu sein. Er hatte die schwierigen Verhaltensweisen gut gelernt und fiel nicht weiter auf. Niemand sah das Licht, dass seine Seele von innen erstrahlte und ihn wärmte in den einsamsten Stunden, wenn die Zeiger der Uhr nur noch mühsam vorankrochen und jedes weitere Ticken der Mechanik zu einer Erlösung wurde. Ihm war selbst so dunkel geworden, dass er nicht sah, was für ein fröhlicher Mensch in ihm steckte.

Des Prinzen Tage waren erfüllt von einer erdrückenden Trauer. Seine Tränen verbarg er in den verstecktesten Winkeln des Schlosses, aber manchmal traten sie ungewollt hervor und liefen mahnend von den samtenen Wänden. In panischer Angst versuchte er dann, ihre Spuren zu verwischen, was ihm meist mit großer Perfektion gelang.

Die Menschen lobten den Prinzen für sein gutes Benehmen. Er war auf dem Weg, eine von allen anerkannte Persönlichkeit im Schattenreich zu werden – aber es sollte nicht sein.

Das Licht in der Seele des Prinzen brannte von Tag zu Tag heller und wärmer. Seine Haut fing an, einen rötlichglühenden Schimmer anzunehmen und die Leute begannen heimlich zu munkeln, dass etwas mit dem Prinzen nicht stimmte.

Als dem Prinzen diese Gerüchte zu Ohr kamen, beschloss er, sich in seine schwersten Gewänder zu hüllen, damit niemand mehr seine verräterische Haut sehen konnte. Sein Gesicht bemalte er mit weisser Farbe, aber all dies half nichts. Nicht länger konnte er das Licht, welches nun wie eine gütige Flamme in ihm loderte, unterdrücken.

Eines Tages brach es aus ihm heraus und das Schattenreich verging. Von da an ward alles Licht und gut."

Er hat Recht

"Es ist schrecklich!" ruft er aus und hat Recht. Und wie er Recht hat. Ist es nicht wunderschön?

Er sitzt auf einer Bank im Park. Warum? Er sitzt auf einer Bank im Park, zu seinen Füßen eine Pfütze. Es hat wohl geregnet. Geregnet irgendwann einmal, sicher ist es noch nicht allzulang her. Gewiss vor kurzem erst.

Da sitzt er jetzt und ruft aus "Es ist schrecklich!" – er hat Recht:

Es ist wunderschön.

alpha traum alpha

durch den nebel bricht sich licht, durch die baeume, durch den wald.

ein schrei entkommt des hirsches wunden koerper, von weitem nur er unvernommen stirbt – jaegers messer mein, so stach ich zu. zitternd, voller lust. schweigend ich toete – entzuende die geburt goettlicher schmerzen.

in den staedten, draussen die verwesung, richten sie das weisse kreuz auf klaren leichen, artig krampfhaft wohlerzogen. gerade linien zieht die klinge –– welke haut. der anblick deiner reinen schoenheit.

dem trommler vor dem galgen – einen schatten wirft´s ihm aufs gesicht, doch haelt er die knochen, in fruehere leben schlaegt sein drohend´ marsch.

das kind aber verbirgt seine ohren in erde, traeumt sich begraben, und gebrochenes licht durch die baeume, durch den wald scheint. da nehme ich deine hand, so du vor mir stehst. schwarze unendlichkeit atmet tiefste luft, klamme kaelte. blanke augen, dein leeres entsetzen. verzaehlte zahlen, gekruemmte gedanken. antike palaeste vergehen in scherben. aus deinen traenen wachsen die trauernden weiden.

spaeter sezieren wir worte in paradiesgaerten. schwer und
sueß die duefte ziehen. verschiebt sich erneut die realitaet.

alpha traum alpha – ich bin die wirklichkeit.
alpha, mein alpha – erschlaegt diesen traum.

hier bin ich nicht.

eisvogel

brennende fluegel vergehen im wind, der ewiglich sich dreht in entschwundenen kreisen, in kreuzes spiralen rot. aber des meeres flut wird dich ertraenken, zu stein, zu sand mahlen wie schnecken. ruft das glas, erhoert das schweigen.

transparente seelen werden form, werden ohnmacht und vom schwert durchstochen. die liebe naehrt sich an frischen wunden, seine rostige schere entblaettert das haupt.

es ist dein unmut, zu gehen – die brennenden fluegel vergehen im wind, und der wahnsinn schlaegt aus vernarbten augen, die eine schlanke hand streichelt. in kreuzes spiralen rot, dein angesicht, weiche lippen. aber des meeres flut wird dich ertraenken. ich ergreife das schwert. weisse seelen werden farbe, werden ohnmacht und von mir durchstochen.

dem hass duerstet nach frischen wunden, des schweigens rufen bricht das glas zu scherben. kleine schnitte und tief. brennende fluegel vergehen im wind, tragen mich fort in ferne territorien. aschfahl erscheint die sonne und hinter sieben bergen deine augen voller furcht in kreuzes spiralen rot.

im november sterben die raben – der eisvogel ist tot.

Am Meer

Gnade – ein Wort, unbekannt.

Träumend steht er da auf der Mole, die schmalen Hände vergraben in seiner Hose leeren Taschen. Wenn Du Dein Auge anstrengst, wirst Du ihn sehen, so auch die Möwen, die über ihm segeln wie Luftschiffer durch den Wind.

Des Meeres Wellen gehen heut´ nur schwach, aber es ist, als hätt´ heimlich die Sonne fröhlich funkelnde Diamanten in ihnen versteckt. Eine starke Blendung. Streng Dein Auge an, sonst schwindet Dir das Bild des Jünglings auf der Mole, über ihm die Möwen, die in anderer Autoren Texte auch kreischen würden.

Hier tun sie es nicht.

Was hat er dort nur verloren, wovon träumt er – und woher soll gerade ich dies wissen. Ich bin doch bloß jemand, der schreibt.

Wahrscheinlich ist es Liebe. Oder er denkt nach über das Leben, das sich in der Beobachtung der Natur in seiner reinsten Form zeigt.

Ich könnte Dir jetzt etwas erzählen, könnte so tun, als würde ich es wissen. Und wie ich Dich kenne, würdest Du mir gar glauben – ein Fehler, ein Fehler – wie die Schöpfung, die niemals war. Ich weiss nichts.

Aber mir fällt schon irgendetwas ein. Wie wäre denn dies:

Wenn Du noch ein bisschen genauer hinschaust, wirst Du erkennen, dass der Jüngling, den man Adrian zu rufen pflegt, nicht nur einen verträumten Eindruck macht, sondern zugleich von einer tiefen Melancholie ergriffen zu sein scheint. Ja, Du hast ein geübtes Auge und eine erstaunliche Menschenkenntnis. Das hätte ich Dir nicht unbedingt zugetraut. Aber gut, ich kann es nicht ändern und werde Dir diese Fähigkeit etwas missmutig zugestehen. Wegen der Sonne, der Diamanten und so. Du verstehst.

Adrian versucht, an nichts zu denken. Er schmeckt nur das Salz auf seinen Lippen. Dann muss er trotzdem etwas denken. Die Möwen, diese dummen Möwen, dass denen nicht langweilig wird, genau wie Dir. Immer ziehen sie ihre Kreise, jetzt kreischen sie doch, wo es so ruhig war, aber vieles im Leben ist unvermeidlich, blablabla.

Ja, langweilig. Aber was solls. Der Autor ist heute gutgelaunt und lässt Adrian gleich etwas machen. Ich hoffe, Du bist schon ordentlich gespannt. Ich bin es nicht.

Adrian lehnt sich an die Molenmauer. Er ist des geraden Stehens müde und spürt jetzt, wie sein Rücken auf die kühlen Steine trifft. Es ist ihm ein bisschen unangenehm. Egal.

Nein, der Autor ist jetzt doch erschöpft von all seiner Kreativität und legt sich schlafen. Was aus Dir wird –

Auch egal.

2002

exil der traeume

mag es auch regnen vergesslichkeit aus dunklen himmeln – die erinnerungen gehen nicht fort, oder sie kehren schon wieder, um zu erschlagen die seele:

ein weiteres mal.

und *"so soll es sein"*, schreibt die muede hand des weisen die worte in den schwarzgluehenden sand, bis ein fauler wind sie verweht und das rauschen des meeres. rastlose wellen.

(weiten, die nicht ergruendbar. ferne welten aus silbernen traeumen)

von den himmeln aus blauer seide muehsam nur laechelt die eine sonne, doch verbirgt sie schamhaft dir dein gesicht, das weisse strahlen deiner zaehne wohlgeformt. ein ausdruck von grau-kalter furcht und wie der meissel sich tiefer graebt in deine stirn wie von stein, spaltet – das herz gefroren. noch ein schlag, durchgetrieben. zerbrochen. stueck fuer stueck auseinanderfaellt – ewig faellt.

viele schraege lieder will ich dann singen, die bunten voegel zu vertreiben, die nisten in den ungeernteten feldern deiner selbst. landschaften aus bleichen ruinen, klagend emporgerichtet zu den weissen sternen einsam leuchtend in den naechten.

spaeter, gegen abend:

"so soll es sein" – steht es erneut im sand – und die sonne ertrinkt gleichmuetig schweigend im nimmer ruhenden meer.

der ewige krieger

da zieht er noch mit dem schwert durch die lande, verwirrt und als haette ihn eine grausame krankheit befallen. vielleicht hat sie das auch, er weiss es nicht, aber etwas ist in ihm, das frisst ihn langsam auf – tag fuer tag. und doch bleibt er, was er ist. kein anfang und kein ende auf seinem weg. ziellos und gefangen in einer endlosen schleife, aus der eines tages er brechen wird: heraus – um fuer immer fortzugehen und allein – doch als sieger!?

an den wegraendern sieht er zuweilen opfer frueherer schlachten in ihrem elend verwesend. manchmal spriesst daneben roter mohn wie ein undeutbares zeichen des im kern undurchschaubaren universums.

(was nur sollen diese gedanken ...)

fast alle hatte er sie niedergeworfen, nur den einen nicht, der sich versteckte in unteren welten, in die kein sonnenlicht drang. aber was half es – nach dort unten konnte er nicht mehr hinab, weil er einst aus diesem duesteren reiche war emporgestiegen in die oberwelt, die heute nur noch war eine wueste von ruinen. so sollte es sein und so war es gut.

es gab keinen weg zurueck hinab, und so musste er warten, bis die unterwelt in sich zusammenbrach. fast war er sich sicher, dass dies noch jahre dauern wuerde, aber er war zu allem bereit und bis zum ende wuerde er ausharren, denn es gab nur eines:

[...]

Unbewegt

Aufgezehrt alle Kräfte, das Herz verbrannt – so liegt er da und wüsste noch viele Wege zu gehen, aber es lockt ihn nichts mehr, seinen schwachen Körper zu bewegen. Und auch der Geist sehnt sich nach nichts mehr als den leeren Träumen dieses endlosen Schlafes, von dem er nur eine blasse Ahnung in sich trägt.

Noch.

Es ist das der Ort, wo alles Gegenständliche sich auflöst in wehende Pastellfarben und liebliche Honigdüfte, wo Einsamkeit und Alleinsein sich treffen – in der Alleinsamkeit und sich zu Ehren ein Schloss bauen aus den melancholischsten Melodien, die nie ein Menschenohr vernommen.

Nur ein Schritt, der keiner ist. Zu einfach und zu schwer. Zu schwer zu gehen und doch weiter, immer weiter ohne Ziel, ohne Weg, ohne Ketten, völlig frei, taumelnd, stürzend, wirbelnd und manchmal geht es empor ... keine Bewegung. Starre, endlich erfroren.

Und trotz allem ist da etwas – das treibt einen nicht davon.

Es ist nur ein geringer Widerstand.

Ein alter Hafen

Das Schiff langsam sich nähert. Dem Hafen. Und die Wellen rufen seinen Namen – nur leise. Leiser. Ganz verloren.

Vom Pier aus greift eine Hand über das Meer, zieht das Schiff heran, damit es seinen Anker wirft und ruht. Das Ende einer langen Reise. Rückkehr. Aber niemand steht und wartet auf jenen, der da kommt, denn es ist nur einer. Kapitän und Passagier.

Die Fahrten auf der Welten Meere haben ihn gemacht: weiser, älter. Man kann es nachlesen in vielen Märchen, in seinem Gesicht. Immer wieder ist es das eine, ist es dasselbe. Aber – ich habe davon Dir nichts gesagt. Weiter ...

Wie der Kapitän sein Schiff verlässt, spürt er den bekannten Boden unter seinen Füssen, sieht er die oft wahrgenommenen Gebäude der durch Menschenkraft bewegten Stadt und die Orte, mit denen sich verbinden: viele Geschichten. Gedanken. Vergangenheiten, unwiderrufliche.

Keiner, der ihn grüßt, der ihn erkennt. So schleicht der Kapitän unbemerkt durch die Straßen. Allein die Sonne ist sein friedlicher Begleiter, aber sie lacht nicht. Ist einfach nur da und gebiert heimlich tiefe Schatten. Verschluckt.

Auf einer Parkbank kommt er kurz zur Ruhe. "Alles geht weiter, ist weitergegangen – und doch sieht es aus wie vor der Zeit meiner Abreise", denkt sich der Kapitän. Er ist kein Teil mehr dieser Welt. Ein Beobachter. Nur noch Fremder.

Was hat er hier gesucht – eine Frage, sinnlose Frage – keine Antwort. Dort drüben sitzen sie in dem Haus. Endlos fern. Sie haben keine Ahnung. (Ihr Leben).

Bald macht sich der Kapitän auf den Rückweg zum Hafen. Er sieht sein Schiff sanft auf den Wellen schaukeln. Dann ist er auch schon an Board, lichtet den Anker. Eine schwache Brise weht und streift des Schiffes Segel.

Abfahrt! – ruft eine bekannte Stimme.

Vom Pier aus erscheint wieder die Hand und gibt dem Schiff einen leichten Stoß – Richtung Meer.

Der kleine Prinz

Bedrückt ging der kleine Prinz seinen Weg ohne Ziel, vielleicht bewegte er sich auch wie die fernen Planeten seit Jahrhunderten auf kaum veränderten Bahnen. Es war Tag, es war Nacht – alles war sich gleich und egal.

Die Furcht von außen, die Furcht von innen – schwer setzten sie dem kleinen Prinzen zu, doch die stählerne Rüstung, die seinen schmalen Körper das Jahr über schützte, machte ihn unempfindlich, unverwundbar. Nichts war es, was er spürte, was er dachte, nur nach dem Frieden suchte seine grundlos trauernde, wie im Sturm wankende Seele. Bloß wo sollte er ihn finden? Er wusste es nicht. Er wusste nichts.

Manchmal blickte er in den stummen Himmel, aus dem ihm vor kurzem noch ein selten gesehener Stern gutmütig zulächelte. Zuerst hatte er sich an diesem warmen Licht erfreut, doch dann sah er voller Schrecken, wie es dabei seine Rüstung angriff und schmelzen wollte. Das durfte der kleine Prinz nicht zulassen. Die Furcht von außen, die Furcht von innen – er musste sich weiter vor ihr schützen.

Deswegen begann er, einen Stein nach dem anderen in den dunklen Himmel zu schleudern, um den Stern zu treffen, um ihn zu töten oder wenigstens zu vertreiben. Nur wollte ihm dies nicht so einfach gelingen. Es war ein langer, erfolgloser Kampf, aber eines Nachts war der helle Stern verschwunden.

Nun fühlte sich der kleine Prinz wieder sicher und setzte seinen Weg ohne Ziel fort. Eines Tages würde auch er vielleicht irgendwo ankommen. Aber wo?

Allein die Sterne wussten es schon.

Der Meister

Lange, viel zu lange hatte man auf seine Ankunft gewartet. Nun endlich war er da. Draußen, in der Wüste, hatte er sein bescheidenes Lager – ein kleines Zelt – aufgeschlagen. Wenig später schon eilten Frauen aus dem Dorf herbei, um ihm frisches Wasser und Nahrung zu bringen. Sie wollten ihn bei Kräften wissen.

Wenn man von ihm sprach, so nannte man ihn nur den Meister. Er hatte schon viele Wunder vollbracht. Dies jedenfalls erzählten sich die Menschen und daher ist es mehr als verständlich, dass das Dorf ob seiner Ankunft in einige Aufregung geriet.

Am ersten Tag jedoch geschah nichts. Der Meister würde schon ein Zeichen geben, wenn er von den Dorfbewohnern etwas erwartete. Aufgrund dieser Ungewissheit entstanden viele Gerüchte und Mutmaßungen. Warum mochte er gerade zu ihrer unbedeutenden Siedlung gekommen sein? Wie hatte er von ihr überhaupt erfahren können?

Am zweiten Tag zogen wieder einige Frauen zum Lager hinaus. Fast ängstlich stellten sie die mitgebrachten Lebensmittel in das Zelt, wagten aber nicht, den Meister anzusprechen. Dieser nickte nur, als er die Frauen sah. Besonders freundlich war er dabei nicht. Sein Gesicht hatte einen unbestimmten Ausdruck, vielleicht lag auch soetwas wie Sorge auf ihm. Die Frauen vermochten nicht, dies zu deuten. Zu kurz war der Blick in das Angesicht des Meisters. In das Dorf zurückgekehrt, fragte man die Frauen eifrig über das, was sie gesehen und erlebt hatten, aus. Schlau konnte man daraus nicht werden, und aus dieser bedrückenden Unwissenheit entstanden weitere Gerüchte.

Auch am dritten, am vierten, am fünften Tage geschah nichts. Die Dorfbewohner wurden immer unruhiger, allmählich überkam sie eine große, stärker werdende Angst. Warum gab ihnen der Meister kein Zeichen?

Als am 6. Tag nach der Ankunft die Sonne aufging, trat Xul, der Sohn des Dorfältesten, auf den Versammlungsplatz und rief die folgende Worte:

"Der Meister hat mich zu sich gerufen. Also werde ich zu ihm gehen".

Und dann marschierte er auch schon los. Der Weg war nicht sonderlich lang, so dass Xul bald am Zelt des Meisters ankam.

Der Meister saß in seinem Zelt auf dem Boden. Die Beine hielt er verschränkt, die Augen geschlossen, die Hände gefaltet. Von seinen Stimmbändern kam ein monotones Summen. Er schien zu beten. Als Xul in das Zelt trat, erhob sich der Sitzende. Mit einer angenehmen, weichen Stimme sprach der Meister:

"Es ist gut, dass Du gekommen bist".

Dann nahm er Xuls rechten Arm und spannte ihn mit Hilfe von schmalen Lederriemen auf einen kleinen Holzbock. Der Meister wandte sich um und holte aus einer abgenutzten Tasche einen Hammer und einen dicken, schwarzen Nagel hervor. Mit einem großen Schritt trat er an den Holzbock heran und setzte die Nagelspitze auf die Haut von Xuls Arm. Der erste Hammerschlag trieb den Nagel zur Hälfte, der zweite zur Gänze hinein. Zufrieden lächelte der Meister, entfernte die Lederriemen und entliess Xul, damit er in das Dorf zurückkehre.

Auf dem Heimweg verspürte Xul starke Schmerzen in seinem Arm. Blut floss aus der Wunde, die der Nagelschlag in seinem Körper verursacht hatte. "Warum nicht das Herz?" fragte er sich immer wieder, während er stetig schwächer wurde. "Warum denn nicht das Herz?".

Als er das Dorf erreichte, war es bereits Mittag. Die Sonne brannte unerträglich heiß vom Himmel herunter und die Menschen hatten sich in ihre Hütten zurückgezogen, um der Hitze zu entgehen. So kam es, dass sie nichts von der Rückkehr Xuls und wie er sich erschöpft auf dem Versammlungsplatz niederlegte, merkten.

Nicht einmal eine halbe Stunde später aber kam die Frau des Dorfältesten auf den Platz und sah ihren Sohn. Da war er bereits tot.

Leise sprach die alte Frau zu sich: "Da ist das Zeichen" und steckte das Dorf mit einer Fackel, die sie schon lange an einem geheimen Ort versteckte, in Brand.

Der weiße Falke

"Aller Tod will lange reifen", sprach Zus jäh in metallverbogener Stimme, "aber dann wird des hoffnungsvollen Körpers Heimat ein selig Paradies sein – ein friedlich Ort des sattsam marinierten Fleisches". So diese Worte in alle Welten sich verloren, ließ Zus von seinem Arm einen hungrigen Adler in den Himmel steigen. Getragen auf den kraftgeladenen Schwingen der Weisheit, rührte sich des hehren Vogels golden Gefieder nur schwer im abendlichen Wind und war alsbald Zus´ getrübtem Blicke hinter zierlichen, violett gefärbten Wolkenbändern entschwunden.

Zus seufzte. Noch war die Zeit nicht gekommen, dachte er sich und merkte, wie ihm während seines nutzlosen Sinnens zähe Traurigkeit durch die Adern in alle bleichen Extremitäten seiner Fleischlichkeit stieg. Es war dies eine unaufhaltbare Bedrückung, die kam von seinem lange schon kränkelndem Herzen. Wieviele Adler hatte er bereits in den Himmel gesandt, damit sie den entflohenen weißen Falken fänden? Er vermochte es nicht zu sagen. Und wann hatte er den Falken zuletzt gesehen, hatte er sich von seiner rätselhaften Anmut verzaubern lassen, hatte er versucht, sein Wesen im gedankenversunkenen Anblick zu ergründen? Es gab keine

Antwort – nicht eine einzige, da war nur Leere größer als die endlose Ewigkeit ...

Die Sonne senkte sich allmählich tiefer, um sehr bald hinter den bleiernen Horizont zu tauchen. Zus stand noch lange draussen und beobachtete dieses stets gleiche Schauspiel der einfallslosen Natur, bis der Mond sein Antlitz erfror.

Manchmal noch wischte er sich kalte Tränen, die in willkürlicher Unregelmäßigkeit aus seinen Kristallaugen traten, aus dem Gesicht, oder sie fielen ungestört zu Boden, wo schwarze Rosen aus der Erde hervorbrachen und ihre schicksalsschweren Blütenköpfe trübsinnig herniederstreckten.

Morgen würde Zus wieder in die Wüste ziehen, würde er den nächsten Adler entsenden, würde er sich vergeblich nach dem Auffinden des weissen Falken sehnen.

Diese Sehnsucht, wenigstens, war ihm geblieben.

Ratlos und ein Brief

Krankheit. Alles, was da ist / war – Krankheit.

Ein Fehler der Ehre, dies zu schreiben. Hinter den Rücken fallen weisse Blumen als erstes Zeichen gemeinsamen Verschwindens. Ratlos.

Oh, was tun. Oh, was tun. Wer bin ich und wer bist Du.

Gestern, da war Sonnabend. Das weiß ich, weil es noch nicht so lange her ist. Der Postbote kam, als ich im Bett lag – schlafend. Ich habe ihn nicht gehört, nicht gesehen usw. usf. Er verteilte seine Briefe auf die Kästen so, wie es zu tun seine Pflicht war. Als alles erledigt war, ging er weiter. Dabei habe ich ihn nicht gehört, nicht gesehen, usw. usf. (Ich lag im Bett, schlafend).

Später am gestrigen Tage, ich hatte mich bereits von meiner Schlafstätte erhoben, schaute ich in meinen Briefkasten und sah, dass ich Post hatte. Die musste wohl der Bote einige Stunden zuvor dort platziert haben. "Wie gut das alles funktioniert!", dachte ich mir bewundernd und ging zurück in meine Wohnung.

Den Brief habe ich nicht aufgemacht, aber ich kann Dir trotzdem von seinem Inhalt erzählen.

Ein anderes Mal ...

Flucht des Koenigs

Sie lieben den dunklen Koerper des Schwarzen Koenigs, erneut geboren in die alte Welt der blanken Gesichter, wo sie doch nur lautlos lachen und ihr heisser Atem laesst das Laub der Baeume schneller fallen.

In der verschlafenen Einsamkeit des purpurnen Gebirges das Schloss gebaut aus toter Menschen Herzen steht in Ruinen nebelverschlungen. Manchmal noch hoert man sie leise schlagen – erinnernd, so wie der schwache Windzug auf den Gipfeln Deinem Haar eine eintoenige Melodie entringt. Klaeglich.

Es ist ein Gift, das weht durchs Land und breitet aus den Wahnsinn einer neuen Schoepfung. Gleich Feuerblitzen stuerzen die besessenen Raben aus den Wolken in die Erde, wo sie mit ihren goldenen Schnaebeln stecken bleiben.

Die Kinder rupfen dann ihr Gefieder. Von weitem winken die besorgten Muetter. Erst neulich opferten sie ihre schreienden Erstgeborenen, um sich selbst vor den zuernenden Goettern zu retten.

Durch einen mageren Leib dringen des Schwarzen Koenigs Knochen. Sie haben ihn auf Marmor gebettet, nur seinen Koerper auf Marmor gebettet.

Der sanftmuetige Geist aber weilt an ferneren Orten.

Ferneren Orten.

der wind hat keine freunde

ich trage dich
in meinem armen
hinab in das meer

als die fluten
uns umspuelen
schliessen sich
deine augen

du sagst

der wind hat
keine freunde

jedwedes schweigen wie wassertropfen versinkt zweifelnd im
glaenzenden abfluss. ist vielleicht rost. dein rufen. dein rufen.
so hell scheint der draht schon gebrochen. ein geldsegen ist
doch die fade vernunft, sie gebiert dir ein kind ohne namen.
weil die sonne sie liebt sein gelocktes haar. draussen fallen
gardinen noch von den waenden. die taube hand aber tastet
weiter nun lebensspuren verwachsen in dornen. tags eine

maus, verirrt zwischen gleisen. die zigarette singt uns ein kostbares lied. in der zeitung von gestern zaehlt man das gold. dazwischen ist nichts, auf dem tisch liegt nur staub. die worte schreiten der zukunft entgegen.

[all dieses bringen gehoernte voegel, die wandern als waechter in ruhigen zeiten.]

ich trage dich

in meinen armen

den gipfel hinauf

als der wind

uns umweht

hat er doch

zwei freunde

ENDE

Inhaltsverzeichnis

Von Arne-Wigand Baganz sind ebenfalls erhältlich:

seelengruende. Gedichte 1999 – 2004
Norderstedt 2004. ISBN 3-8334-1226-7

fahnenrost. neue gedichte
Norderstedt 2006. ISBN 3-8334-5268-4

Im Internet finden Sie den Autoren unter

https://www.anti-literatur.de

Baum nahe Neustrelitz (2002)